tredition®
www.tredition.de

AF393867

Harald Fröhlich

Eine grüne Scherbe Glas

Augenblicke der Zeit

Den Weg den du nicht gehst
Bist du auch nicht gegangen

Die Zeit die du nicht lebst
Ist trotzdem doch vergangen

Gilt immer:

Das über sich Nachdenken ist eine
wichtige Angelegenheit.

Heute weiß ich:

Ich wollte einer von Uns sein
Aber es gab kein Uns
Und ich war auch nicht Einer
Ich war wie viele:
Beinahe Keiner…

Inzwischen habe ich gesehen,
dass sich Nord- und Ostsee ohne jede
Aufregung vereinen können

Ich bin überzeugt:
Das könnten wir auch

Vorwort

Nicht mit dem Gedanken zu schreiben, schrieb
ich den ersten Moment. Ich wusste mir wohl
nicht anders zu helfen. Und den Gedanken, mir
zu helfen hatte ich auch nicht.
Auch hatte ich nicht vorgehabt, ein
Chronist zu sein. Und doch kam mit der
Zeit so Einiges zusammen. Momente ohne
Kontinuität und Plan, reifen könnend nur durch
den nächsten, nächsten und nächsten
Moment.

Dann – irgendwann – hatte ich Alles
zusammengebracht, vielleicht das Eine und Andere
davon schon darüber hinaus, es lässt sich daher
der Zeitpunkt nicht näher bestimmen, als damit,
dass alles was nun kommt, vielleicht oder auch
nicht, jedenfalls anders ist und anders sein wird,
dass die ohnehin nie wahr seiende Wahrheit
verschwimmt, sich auflöst und so ihr letztes
Körnchen verliert, die das Gewesene aber SO
werden ließ und nicht ANDERS.

Die Realität des Augenblicks – von keiner als
der sich selbst genügenden Absicht gefärbt –
soll zum Verstehen und so zum Verständnis
einer Zeit in einem Teil Deutschlands, den man
40 Jahre lang DDR nennen konnte beitragen, in
der Vieles möglich und Vieles unmöglich schien

und es ein gesellschaftlicher Auftrag war, einen
neuen Menschen zu schaffen, ihn dabei aber
nicht Werden zu lassen.
So ist es eine Zeitreise in Momenten – sind es
Augenblicke also, der Zeit...

Dieses Buch möchte gelesen werden, berichten,
anregen und mitunter erfreuen.
Und durchaus möglich: Manches lässt sich auch
singen.

Harald Fröhlich

Im Juli 2019

Du bist

Schau hinauf
Zu den Sternen
Und weiter
Weiter wäre vorbei
Dafür immer weiter und weiter
Unendlich weit und so frei
Das sagt dir das Leuchten der Sterne
Und dass da immer doch noch was geht
Und schaust du an allen Sternen vorbei
Ist genau das dein Weg
Und nichts ist zu spät

Und der Eine ist immer dabei

Begegnung

Die Zeit vergeht
Hernieder
Ziehen Blätter Kreise

Was war
Ist längst nicht gewesen
Atemlos vergangen und nah
Jeder Schritt jeder Blick
Jedes endliche Zeigen
Jedes endlose Schweigen
Immer wieder zurück

Und alles was bleibt
Dieser Riss in der Zeit
Und am Ende fallen Blätter
Ganz leise

Es geht nur
Dass du Trauer bist
Es geht nur
Wenn du es vermisst
Egal was es war
War es nah
War es da

Ist ein Kuss
Auf den Bauch
Endlos und Hauch
Für immer
Gewesen

Es geht nur
Wenn du es vermisst
Dass du dich wirklich
Selbst auch triffst

Am Ende fallen Blätter
Ganz leise

(2004)

Der Weg

Der Weg war weit und ungefähr
Von tausend anderen ganz leer
Die hatten ihn getreten
In diese Wiese durch das Grün
Tage Jahre hart wie Stein
Und wollte selbst die Wiese sein

Nun führt er hin
Und teilt das Meer
Der Blüten die sich wiegen
Und trägt so viele Schritte fort

Sich selber lässt er liegen

(2012)

Das Leben ist wahr

Hast das Weinen nicht gelernt
Und nicht die Trauer
Kannst aus Händen nicht lesen
Mit dem Computergesicht
Hinter den Augen
Haben andere die Tasten
Zerdrückt Enter
Die Leinwand
Macht
Heute
Helden
Nicht Träume sind wirklich
Und auch kein Versuch
Bekommt jemals die 1

Alles Meins
Ist die bessere Losung
Des Tages der eben anfing

Das Leben ist zu kurz für diese Welt
Und außerdem zu klein
Und auch allein

(2002)

Sehnsucht

Gebremst und verboten
Immer wieder Sehnsucht
Gelobt und verwehrt
Was keiner erklärt
Wird Sucht dann
Verlangen
In Flucht dann
Gefangen
Immer wieder
So frei
Mittendrin
Dicht daneben
Nur das Einerlei
Niemals vorbei
Nicht vorüber an dir
Nenn es mittleres Beben
Weißt du was ist Sehnen
Eine Sekunde weit
Fort
Flüchtig so nah
Berührend und da
Doch das glaubst du nicht
Leer
Bleibt immer mehr
Was mit Sehnsucht begann
Wurde Gier
Und dann leer

Ist Alles
Alles
Alles
Und leer

(2003)

Lied für Jo

Es war das Leben dunkel
Und manchmal schien es hell
Und manchmal war es langsam
Ein Augenblick zu schnell

Der Mond hat seine Seiten
Die Sonne hat das Licht
Und manchmal ist es kälter
Und Sterne lügen nicht

Und drehen sich im Kreise
Und immer weiter fort
Die einzig wirklich Reise
Und manchmal nur ein Wort

Und wäre alles Schein
Wer würdest du dann sein
Du weißt es nicht
Zerbrich das Licht
Haut trinkt nicht Wein
Kann der Himmel verzeihn
Oder doch du
Muh

(2004)

Träumer

Und irgendwo hat irgendwer
Laut gelacht
Und einen anderen
Damit glücklich gemacht
Und du bist immer wieder depressiv
Und immer wieder ist der Himmel schief
Und tritt jemand mit geballter Faust
Auf dich zu
Gibst du ihm den Tipp
Lass doch die Erde in Ruh
Du spürst nicht den Schlag
Du fühlst nicht den Tag
Denkst
Genau das macht dich stark
Und ist das Ende vom Lied
Von dem es für dich keinen Anfang gibt
Drehst dich um
Gehst immer wieder nach Haus
Und keiner der fragt
Kommst du heute noch raus

(1992)

Wie es ist

Freundlich scheint
Die teilnahmslose Mauer
Die Oberfläche glänzt
Real und sie hat recht
Spaß und Gier und das bin ich
Moneten
Erstrebenswert
Was sonst wäre noch echt
Und wer zu leise
Wird offiziell getreten
Und von den Großen
Mitten ins Gesicht
Und freundlich scheint
Die teilnahmslose Mauer
Und ist für alles
Lächelnd das Gericht

(1996)

Wissen ist Macht

Keiner der es erklärt
Niemand der sich dann wehrt
Weißt du wer es lehrt

Wer sagt was ist richtig
Wer bestimmt dies ist nichtig
Wer zeigt was ist wichtig
Und niemand sich wehrt

Wer sagt dies ist klug
Wer bestimmt was ist Mut
Wer zeigt das ist gut
Und du Spürst du Wut

Das ist aber schlecht
Wie du weißt auch nicht Recht
Das wurde dir doch erklärt
Und bist nun Jetzt verkehrt

Sagen sie und du
Denkst
Dies auch...

(2016)

19

Bitter und Bitter

I.

Unterhalten ist lange gewesen
Verlieren ist längst nicht mehr drin
Sehnsucht am Bildschirm erleben
Träumen vom Supra-Gewinn

Kinder schlagen die Alten
Politiker reden voll Hass
Zeitungen lügen Am Geilsten
Mord Horror und dann auch schon Gas

Jeder hat genau nur ein Leben
Für jeden ein klein wenig Spaß
Auch wenn dies nicht alle so sehen
Das bringt´s doch Ein Bier noch vom Fass

II.

Im Rausch wirst du wehen
So grell durch das Licht
Du kannst nichts mehr sehen
Und fürchtest dich nicht

III.
Du bist gar nicht mehr da
Auch die anderen weg
Ein paar Kinder
Morden lustlos herum
Ansonsten nur Müll
Bergig und stumm

VI.
Zurück trat ich
Lächelnd
Nachdem er mich schlug
Zu klug ihm zu zürnen
Meine Hoffnung statt Wut

V.
Wem gehört diese Chance
Den Nächsten zu schlagen
Die Hoffnung der andern
Mit Dummheit ertragen
Und weiter
Weiter
Den Nächsten erschlagen...

(1996)

Geschlechtsneutral

Sind sie egoistisch genug
Ist Frage und Titel
Einer Zeitschrift
Für die Frau
Von Heute
Nach dem Jubel
Über das Töten
Erlernen
Ein weiterer Sieg
Der Macht

Wer alles will

Will alles sein
Ob das geht
Weißt du
Allein

(1996)

Allein

Allein
Bist du nicht
Wenn du allein bist
Allein
Bist du dann
Wenn alle da sind
Und du bist allein

Kein Schritt weiß wohin
Egal ohne Sinn
Alles leer was mal war
Nichts ist so und mehr nah
Berührt und verführt
Nur die Ahnung bleibt klar
Das alles anders und wahr
Gewesen ist und jetzt Zeit
Die nicht mehr eilt
Und nicht heilt

...

(2012)

Die Tage ziehn

Die Tage ziehn
So leise
Sie kommen nicht
Sie gehn

Die Tage fliehn
Endlos und fort
Ist alles
Leer wäre mehr
Und nirgends
Ein Ort

(2012)

Vergiss das nie

Angst und Ironie
Vergiss das nie
Du bist nicht immer nur der Stier
Du bist auch Tuch
Und ein Versuch
Und manchmal Fetzen

(1992)

Die Wege die du gehst...

Die Wege die du gehst
Sind niemals ganz leer
Die Welt die du siehst
Ist immer noch mehr
Und jeder Augenblick ist weiter
Und auch zurück
Und einer schaut immer zu
Und sagt du bist du
Und einer schaut immer zu
Und der bist du

Es bleibt nur
Was du auch schenkst
Es bleibt nur
Was du auch denkst
Es bleibt nur
Was du bist
Und immer du bist

Was war ist nicht nur gewesen
Was scheint ist nicht immer auch Licht
Wem gehört der endlose Glauben
Glaubst du dir selber
Nicht...

(2002)

Zwischen zart und hart

Ich seh dich gegenüber stehn und geh
Dann schonungslos gezielt an dir vorbei
Und hätt dir doch so gerne
Irgendwas berichtet
Einen Augenblick lang
Hättest du nicht auf mich verzichtet

Doch statt gewagt bleibt immer nur Verrat
Und Das wird schon
Ist weder zart noch hart

Dem wollt ich immer schon mal
Meine Meinung sagen
Und auch die Faust danach hätt ich ertragen
Hab überlegt Was brächte es mir ein
Wenn ich dann schlag kaputt
Sein Nasenbein

Doch statt gewagt bleibt immer nur Verrat
Und Das wird schon
Ist weder zart noch hart

Schon länger wollte ich
Mich wirklich ändern
Und auch die Freunde
Die das meinen werden mehr
Und nirgends geht es mir so übel
Wie in jenen Ländern
In denen ich doch nie gewesen bin

Doch statt gewagt bleibt immer nur Verrat
Und Das wird schon
Ist weder zart noch hart

Und wieder steht sie mir da gegenüber
Jemand wagte längst den ersten Schritt
Der mit der kaputt gedachten Nase
Und meine Freunde nahmen beide mit
In ferne so ganz unbekannte Länder
Sie fragten nicht
Sie ließen mich zurück
Ich sah dem Flieger nach und vom Geländer
Trat ich zurück ein kleines Stück

Und zwischen zart und hart war das Verrat
Doch das zu sagen
Hab ich mich nicht gewagt...

(1997)

Lied vom Pilot sein...

Da bin ich nun und weiß nicht aus noch ein
Der Weg ist weit und scheint genauso breit
Wohin ist immer weg
Und trotzdem nicht davon
Da müsst ich fliegen wie ein Pilot
Und komm mir vor wie ein Idiot
Der in meinem Herzen schreit und wohnt
Und lieber zu den Sternen will
Oder zum Mond

Da bin ich nun und möchte gar nicht sein
Der Weg der breit und weit schien
Den kann ich niemals fliehn
Und alles dreht sich immer nur im Kreis
Als würd ich fliegen wie ein Pilot
Der gar nicht echt ist sondern ein Idiot
Der in meinem Herzen schreit und wohnt
Und lieber zu den Sternen will
Oder zum Mond

Dort so weit weg wär ich dann ganz allein
Und kein Gedanke es könnte anders sein
Vergess ich alles und wird mir klar
Dass ein Pilot ich öfter schon mal war
Immer dann wenn ich mir sicher war
Dass die Sterne in mir sind
Und auch der Mond

Dass jeder Augenblick
Sich immer wieder lohnt

(2011)

Und lässt du dein Stolpern
Eine Anregung sein
Geht es weiter
Vielleicht sogar heiter

(irgendwann)

Liebeslied

Du sollst der Rest für mich sein
Und ich Dein Meer
Und Du bist immer und mein
Und ich für Dich niemals leer

Wenn ich bei Dir bin
Bin ich nicht allein
Verlier ich so gerne mich
In Deinem Augenlicht
Tief und so sternenklar
Du bist ein Wunder und wahr
Fängt Dein Haar mich ein
Lässt mich nur mich selber sein
Auf Deiner Haut berührt
Lös ich mich auf verführt
Und versammle mich
Immer wieder für Dich
Du sollst der Rest für mich sein
Und ich bin Dein Meer
Und Du bist immer und mein
Und ich für Dich niemals leer
Endlos
Dein Meer

(2012)

Ein Lied zum Schluss

Und ich rede und ich stehe
Und ich gehe und ich wehe
Immer weiter
Und bleib doch zurück

Was ich tue
Wenn ich ruhe
Was ich nicht mache
Wenn ich lache
Immer wieder
Fehlt mir von mir ein Stück

Und von selber
Wird der Mond nicht gelber
Nur die Sonne
Wirft 'nen Strahl
Immer wieder zurück

Und Du bist immer dort
Und ich bin immer hier
Und Du bist immer fern von mir
Und ich trotzdem immer bei Dir

Immer weiter niemals heiter
Suche und verfluche
Alles
Und bin doch immer dabei

Ein Moment ist kein Gedanke
Kein Gedanke sagt auch Danke
Kein Gedanke macht mich frei

Immer Du und ich schau zu
Du weißt nicht was ich nicht tu
Die Mail die ich nicht schreib
Lässt mich trotzdem nicht in Ruh

Und du bist immer dort
Und ich bin immer hier
Und Du bist immer fern von mir
Und ich trotzdem immer bei Dir

Und die Tage gehen leise
Meine Sehnsucht ist 'ne Reise
Ohne mich und ohne Ziel

Ich bin fort und ich bin hier
Alles ernst und nur ein Spiel
Ich geh im Kreis und viel zu viel

Denke ich an alte Zeiten
Fühl mich jung und zähl die Falten
Trostlos bin ich
Und voll von Dir

Und Du bist immer dort
Und ich bin immer hier
Und Du bleibst immer dort
Und ich bleib immer hier…

(2012)

Vom Schein der Welt

Ehrlich wollt ich bleiben
Ehrlich immer sein
Und nun erkenn ich täglich
Auch das ist nur ein Schein

Ich hab immer gelogen
Ich wurde nicht betrogen
Ich hab es so gewollt
Und wollt es tun fürs Leben
Und nicht für Geld und Gold

Und immer wieder
Ist es doch der Schein der Welt
Der mir sagt
Dass das nicht lange
Nicht mehr lange hält
Wenn ich von Allem und Jedem
Nur das Eine seh
Tut mir das Andere
Bald überm Halse weh

Da sagst du nun
Da kann ich doch nichts tun
Da bau ich mir ein Haus
Und wenn die Sonne scheint
Schau ich zum Fenster raus

Die Türen mach ich zu
Was ich im Herzen tu
Das kann ich mal ertränken
Oder mir was Nettes schenken

Und immer wieder
Ist es doch der Schein der Welt
Der mir sagt
Dass das nicht lange
Nicht mehr lange hält
Wenn ich von Allem und Jedem
Nur das Eine seh
Tut mir das Andere
Bald überm Halse weh

Das kann sich nicht mehr ändern
Das war die letzte Schlacht
Die Dummheit hat gewonnen
Die Gier den Sieg gebracht

Die Dummheit glänzt und sagt
Schau her wie schlau ich bin
In jedem neuen Smartphone
Da bin ich doppelt drin

Und immer wieder
Ist es doch der Schein der Welt
Der mir sagt
Dass das nicht lange
Nicht mehr lange hält
Wenn ich von Allem und Jedem
Nur das Eine seh
Tut mir das Andere
Bald überm Halse weh

(2018)

Du bist Du

Geh und lass die Wolken Wolken malen
Frag nicht nach dem Weg
Dich wird die Sehnsucht tragen
Das Schöne wird dich ungefragt verführen
Das Leben
Nicht nur an den Füßen hart und sanft berühren

Kein Strich ist wirklich grade
Kein Weg unendlich lang
Es kriecht auch nicht allein die Made
Und Blumen blühen nicht zum Dank

Die Zeit läuft nicht im Kreis
Und ruht sich auch nicht aus
Kommt niemals außer Puste
Und pustet alles aus

Hast du deinen Weg gefunden
Dann fragst du nicht
Gibt es noch mehr
Und Nichts was noch passieren könnte
Dich von dir trennt oder vertreibt
Du bist du
Dein Weg und deine Zeit

(2019)

1980 - 1989

Die ersten Jahre

Vorweg

Ja, ich komme aus „dem Osten". Dafür kann
ich nichts und es ist auch nicht etwas extra
Besonderes. Und ich hatte und hab damit
eigentlich kein Problem. Ich nicht. Schon
lange nicht mehr... Dass es für Andere
gelegentlich ein Problem zu sein scheint,
erklärt das Wort „eigentlich", denn dann kam
und komme ich nicht umhin, Problematisches
wahrzunehmen.
Prora. Ein kleiner Ort auf der Insel Rügen. Von
dort komme ich her. Die Ostsee und der
weiße, in der Sonne so heiße und unter den
Füßen quietschende Sand, die
Blaubeerwiesen und die über ihnen in den
Wind hineingewachsenen Kiefern waren für
meine Kindheit genau so normal und wichtig
oder unwichtig wie rostige Stacheldrahtzäune
und Kanonenkolonnen und die Uniform
meines Vaters. Ich weiß heute nicht mehr zu
sagen, ob ich das Rauschen des Meeres vom
Rauschen der Kiefern unterscheiden konnte
und den Donner der übenden Kanonen vom
Donner der den Blitzen des Gewitters folgt,
sehr wahrscheinlich hat es mich damals auch
nicht besonders interessiert. Alles war einfach
so da. Ab und an kam ein Auto, wurde zu
einem Laden an der Straße und es gab dort

frischen Fisch den ich nicht mochte, besonders seit mir mal ein Gräte im Hals steckenblieb. Und Sonntags im Sommer steckte am Eingang zur Gaststätte eine Fahne mit „Eis" drauf in der Halterung die es gefühlt auch an jedem Fenster jedes Hauses des ganzen Ortes gab. Nicht für eine Fahne mit „Eis", aber Tage mit Fahnen und Fähnchen waren auch besonders, irgendwie. Ähnlich so, wie Eis.

Ich gehöre zu denen, die geboren wurden zwischen dem ersten Start eines Menschen ins Weltall durch Juri Gagarin und dem Bau der Mauer in und um Berlin und an der Grenze der zu dieser Zeit zwei deutschen Staaten. Von beiden Ereignissen habe ich natürlich nichts mitbekommen und das sollte sich auch lange Zeit durch mein Leben ziehen, beinahe wie ein roter (und später richtig roter) Faden: Ich habe wohl sehr Vieles nicht mitbekommen...

Als ich dann, was somit nicht verwundert, überraschend zumindest von genau dieser Tatsache eine Ahnung bekam, und ich lebte schon lange nicht mehr auf der Insel, das war 27 Jahre später. Da erfuhr ich so nebenbei im Alltag, dass ich immer noch kein Auto bestellt hatte, nun gut, das war im Grunde keine Neuigkeit, aber dass dies ein schon beinahe extremes Unding war, so etwas erledigte man möglichst am 18. Geburtstag! Das war mir neu.

Und einleuchtend sofort. Und: Ganz und gar
nicht gut! In der nächsten Woche holten wir
das nach: Meine Frau bestellte einen „Lada"
und ich einen „Wartburg", gleich die etwas
besseren Autos mit den entsprechend längeren
Wartefristen, etwa 18 Jahre, kann das sein?

Ein, im Vergleich um Einiges günstigerer,
„Trabbi" kam für uns nicht in Frage, denn wir
glaubten nicht, in bereits etwa 10 Jahren ein
Auto bezahlen, uns also leisten zu können.
Dass man auch Bestellungen für ein Auto gut
verkaufen konnte und dies Spielraum für
verschiedenste Strategien des Geld Machens
oder Auto Bekommens hätte sein können, war
uns beiden damals sehr fern. So ungefähr und
zusammengefasst, waren wir. Damals.
Inzwischen weiß ich, dass wir nicht allein
SO waren, SO, im nichts Mitbekommen und SO
im eben SO sein. Bei Weitem nicht.

Außerdem, wenn auch nicht in diesem
Zusammenhang, schrieb ich zu dieser Zeit ein
Lied. In diesem versprach ich sinngemäß:
„Irgendwann einmal wirst du mehr wissen und
dann haust du rein...".
Ich schrieb dieses Lied – beinahe - für eine FDJ-
Singegruppe, also für Jugendliche, aber ich
meinte vor allem auch mich. Ich schien damals
sehr der Zeit zu vertrauen. Und schrie mit

diesem Lied zuhause im ansonsten stillen Kämmerchen meine kleine Möchtegernschrankwand an.

Ich habe dann doch nicht „reingehauen".
Das taten andere und rissen die Mauer um. Und dann riss die folgende „Wende" alles andere auch um oder mit sich. Die Zeit kam mir also zuvor. Mich riss sie nicht mit, sie riss mich mit sich. Das ist ein großer Unterschied und zugleich ein, mein Dilemma. Und vor diesem stehe ich immer noch und anderen geht es bestimmt ähnlich, ich bin ganz gewiss nicht allein. Auch noch heute...

Frage mich, da ich ja „reinhauen" wollte, wann und wie wollte ich es tun? Wann hätte ich ausreichend mitbekommen, dass es dazu reichen würde? Und warum habe ich so wenig mitbekommen? Und immer und immer doch wieder an das „Gute" geglaubt?

Warum die Skepsis einiger meiner Freunde nicht zu meiner gemacht?

Warum gingen Hunderttausende auf die Straße, aber ich nicht?

Hielt ich doch ebenso die Regierenden für senil, entrückt und war dafür, zu verändern, grundlegend und hatte da auch jede Menge Ideen im Kopf...

War es Angst oder Hoffnung, oder die eingebläute Überzeugung, damit Schlimmeres verhindern zu können?

Es gibt für Alles mindestens einen Grund.
Das lässt mich nicht los. Und damit bin ich bestimmt auch nicht allein.

Ich wohnte damals, 1989, immer noch in der DDR, ganz weit hinten und weit weg von der Ostsee, in Thüringen, zwischen einigen Bergen mit ganz viel Salz, aber rückblickend kommt es mir so vor, als hätte ich diese Zeit des nächsten Jahres eher als ein Leuchtturm im Sturm erlebt, obwohl ich damit wohl kaum meine Heimat, mit dem nahen Blick auf die Ostsee, erinnere, sondern meine beharrende Standhaftigkeit in dieser bewegten und bewegenden Zeit, für meine Ideale einzustehen, befreit von Denen, die diese plötzlich leugneten. Ich jedenfalls fiel vielleicht gerade deshalb nicht um, lief nicht weg und nicht über, ich wurde weiter und blieb.

Und ging dann doch in den „Westen".

So sagte man es damals und ich bin mir beinahe sicher, dass man es heute auch noch oder wieder tut, mit weniger Hoffnung oder Vorwurf, Verrat oder Goldgräberstimmung. Aber nun jedenfalls nicht mehr in gleicher absolut erscheinender Dimension.

Ich war damals überzeugt, es ginge ums
Überleben. Meiner Familie. Und ging.

Mit dem Schreiben fing ich früher an. 1980.
Auch da ging ich. Quasi ebenso von einem Tag
zum anderen. Ich ließ Alles und Alle zurück.
Ging zur Fahne. Freiwillig und schwersten
Herzens. Ja, sowas geht...
Ich wollte nicht Gedichte schreiben.
Nicht der Gedichte wegen.
Aber da war plötzlich keiner mehr da mit dem
ich hätte reden können.
Bis dahin hatte ich kaum mein Denken für mich
Selbst bemüht. Und nun blieb mir nichts anderes
übrig. Oder besser: Nur dies blieb mir.
Und so blieb mir also nichts anderes.
Als zu schreiben.

Dahin

Ich ging dahin
Sah meine Schritte laufen
Sie liefen weit
Mir ach so weit voraus
Ich folgte ihnen
Sah mich um
Manch alter Schritt riss aus

(2007)

Für Dich

In den Augen
Stille Trauer
Um die Lippen
Bitterkeit
Doch im Herzen
Brennt die Liebe
Wartend
Dass ich sie ergreif

Und nicht
Unverstanden geh
Glaubend nur
Dem Wort
Ade

(1980)

Der erste Postengang

An dem Zaun
Da wächst 'ne Rose
Rose
Sie ist weiß und fein
Ist so schön
So voller Pracht
Dass in mir etwas erwacht
Was mich stolz und glücklich macht

Dort am Zaun
Seh ich die Rose
Und ich seh auch ihre Kraft
Denn das Unkraut
Das da lauert
Drohend um sie
Überall
Macht sie nicht klein
Ist ihr nicht Pein
Leuchtend strahlt sie
Weiß und rein

Und ich geh den Postenweg
An dem langen Zaun entlang
Seh die Rose
Seh sie wachsen
Und es ist
Für mich

Ein Dank

(1980)

Am Fenster

Denkend
Vor dem Fenster sitzen
Auf dem Tisch
Ein Blatt Papier
Unbeschrieben
Blütenweiß
Durch das offene Fenster dringt
Milde Abendluft
Als der letzte
Sonnenschein
Schreiben
Wollt ich
Doch ich wein...

(1981)

Welche Nacht

Welche Nacht kehrt zurück
Dass ich die Augen schließe
Dich sehe
Ohne zu weinen
Dein Atem mir Ruhe ist

Welche Nacht kehrt zurück
Dass meine Hand
Nicht die Leere fühlt
Kalt wird in Einsamkeit

Welche Nacht kehrt zurück
Dass nicht schweigend
Der Tag
Am Abend
Am Abend mich fragt
Welche Nacht kehrt zurück

(1982)

Blumen gekauft

Blumen gekauft
Weil die Blicke der Leute mir sagen
Wie einsam ich bin
Blumen gekauft
Und alle sollen sehen
Es wartet jemand
Ich bin nicht allein

Blumen gekauft
Ich warte seht her
Ich bin so wie Ihr
Nicht wie ich
Allein und so leer

Blumen gekauft
Und die Blumen hat längst ein Passant
Dem ich sie gab
Um ihr Welken in meiner Hand nicht zu sehen
Geblieben ist die
Einsamkeit
Die ließ sich nicht verschenken
Für einen Moment
Der sich teilte zum Glück
Wie das Rot am Ende des Zuges
Und kehrt niemals zurück...

Vorbei vergiss

Manchmal hab ich Angst
Ich könnte weinen
Wo gelacht wird
Wo man glücklich ist
Und gut
Ich habe Angst vor meinen Tränen
Weil dieses Lachen darin stirbt

Manchmal hab ich Angst
Ich sei ganz ohne Tränen
Denn weh tut mir
Im Schmerz allein zu sein
Meine Tränen
Gläsern Blei
Sehend Weite
Doch nicht frei

Manchmal
Blicke ich in andre Augen
Sehe ich Angst
Seh meine Angst
Seh meinen Schmerz
In mir ach so fremden Augen
Seh in diesen Augen meinen Schrei
Und geh tatsächlich doch
Vorbei

Fragment Letztes

Mühsam gewandt
Das Gesicht
Der Sonne
Dem Tag
Der anbricht
In bleibender Dunkelheit
Zerbrochen

Krampfhaft verzogen
Der Mund
Er küsste
Ein Lächeln
Das Blut geronnen
Geflohener Schrei
Wo schallt er fort
Wo

Stummbleibend
Fragen
Geborgen durch wen
Im Welten All
Geschichte
Bedeutungslos Jetzt
Bitte kommen
Zu spät

An einige von vielen Christen

Durch beten allein
Vertreibt ihr keine Raketen
Gebt ihnen viel eher
Die Macht
Startklar zu stehen
In einem Schacht

Um zu treffen auch euch
Oder denkt ihr
Sie werden euch verschonen
Weil ihr glaubt
Im Schutze Gottes zu wohnen

(1982)

Bitter

Wie schwer
Wie leicht
Es allen Wohl zu machen
Wo Hände nach den Händen greifen
Und doch sich niemals selber reichen
Wo man an Händen hat sich groß gemacht
Und über diese Hände lacht

Bitte Einsteigen

Sie sagte
Wie schlecht
Doch die Menschen hier sind
Und schlug die Tür
Mir vor meiner Nase dann zu
Als wär nicht zu sehn
Ich wollte auch in den Zug
Und nicht zum Eis essen gehn...

Ich sage nicht
Wie schlecht
Doch die Menschen hier sind
Ich schließe nicht
Von mir auf die Tür

Menschen braucht das Leben

Ich habe eine Nacht versäumt
Den tiefen weichen Schlaf
Oft hab ich eine Nacht versäumt
Und fiel
Ganz weit und ohne Ende
Erreichte keine Hände

Es war da auch kein
Meeresgrund
Ich fiel
Ganz langsam beinah sacht
Und fiel
Und wollte doch nicht Schweben
Leben wollt ich
Doch nicht
Schweben

Und morgen sterbe ich vielleicht
Und wollte doch nur leben
Und alles war ein Schweben
Dem Meeresgrund entgegen
Ganz langsam
Unaufhörlich leicht
Unerreicht
Ganz sicher seicht
Kein Fisch
Der blickt mir ins Gesicht

Geschweige
Dass er mit mir spricht
Und Menschen braucht das Leben

Frei sein

Die Beine baumeln in den Himmel
Das Denken haben wir begraben
In weißen Wolkenbergen
Dort stört es nicht
Nicht uns

Die Augen hängen irgendwo
Im weiten Welten All
So sehn wir nichts
Höchstens die Erde
Als kleinen Tennisball

Wir haben keine Lust zu spielen
Und Tennis sagt uns nichts
Faul liegen wir auf einer Wiese
Das Leben schmeckt
Nach nichts

Wir haben immer noch zwei Hände
Wo stecken wir die hin
Wenn wir nicht mehr essen müssen
Geschweige
Dass wir uns noch küssen

(1982)

Friedenslied

Was wird sein
Wenn Krieg das Leben schlägt
Und den Frieden
Von der Erde weht
Was bleibt uns
Vom Leben noch zurück
Sag wer stiehlt uns
Unsrer Liebe Glück

Wer sagt uns
Dass es noch Leben gibt
Dass der Wind noch Kinderlachen trägt
Wenn die Friedenstaube uns entfliegt
Und kein Mensch
Sie jemals wieder sieht

Lasst nicht zu
Dass unser Leben stirbt
Kämpft dafür
Dass nie die Erde bebt
Von der aller allerletzten Schlacht
Nur noch bleibt
Wie eine Puppe lacht

(1984)

Der Prediger

Als der Prediger sprach
Nicht die Predigt ist Wein
Da nahm man es hin
Denn es konnte ja sein
Er hatte die Seine gemeint

Als der Prediger sprach
Die Predigt ist gut
Doch wichtiger noch
Muss die eigene Meinung jetzt sein
Da ward er zum Ketzer
Weil zu allgemein

(1984)

Der alte Mann am Ehrenhain

Du hast nicht geweint
Vor tausend toten Namen
Die eingeschlagen in den harten Stein
Nein
Du konntest nicht mehr weinen
Vor tausend toten Freunden
War dein Blick dein Gruß

Du hast nicht geweint
Vor tausend toten Freunden
Doch
Als zwei junge Menschen
Gingen dort an dir vorbei
Und einer spuckte in den Ehrenhain

War es mit Absicht
War es einfach so
Fiel eine Träne
Auf den blutgetränkten Stein

Was tun

Als
Was lange schon geschehen
Wurde öffentlich bekannt
Schlugen wir endlich auf
Unsere Augen
Begannen zu sehen
Und taten

Doch sahen wir nicht genug
Davor
Um zu tun...

Uns

Wir richten
Immer auch uns
Doch beim Richten
Vergessen wir uns
Nicht immer
Doch oft
Gehört ein Tadel von uns
Uns

Neues Deutschland I

Kämpfen kämpfen
Anderes wollen Doch
dabei nicht laut Oder
auch:
Nicht böse sein
Denn es gibt
Auch Disziplin
Und vielleicht
Gehst du dem Bösen auf den Leim
Und wolltest doch
Einfach
Genosse nur sein....

Zustimmung

Die Hand heben
Ist kein Schweigen
Verrat aber
Kann beides sein

Morgen

Morgen
Werden zerfallen
Schranken des Heute
Einige
Viele

Morgen
Werden wir bauen
Mit dem Heute
Das Neue
Wieder auch
Schranken

Von allein zerfallen sie nicht...

(1984)

Niemals Zeit

Gelaufen durch Jahre
Standen wir
Still
Gebändigter Atem
Erstarrt
Im Spiegel
Geöffneter Augen
Momente auf ewig
Zerfließend verlierend
Der Tod nur
Erscheint
Immer bereit
Und keuchend
Wir weiter
Hasten...

(1985)

Es war

Es war nur ein Wort
Ein Wort
Es war nur eine Träne
Eine Träne
Es war nur ein Herz
Es war

Ja

Ja
Du hattest noch Hoffnung
Ja
Du hast gewartet
Aber Ja auch
Er hat gewartet
Solang seine Hoffnung es trug
Du fragst Dich
Warum
Warum dies hoffende Warten

Ach lass es
Wirf die handwarme Erde
Du hast ihn doch nicht gekannt

Der Beste

Als es galt
Den Fluss zu durchschwimmen
Sagte er
Dem Berg weich ich aus
Als dann gefordert
Den Berg zu erklimmen
Bot er sich an
Ich spring in den Fluss
Und als beschlossen die Pause
Rief er
Dass zum Ziel er dränge
Und als da wurde
Die Prämie verteilt
Erhielt er von dieser
Die Menge...

Der Sieger

Er gewann nicht
Weil er der Beste war
Der war er nicht
Er gewann nicht
Weil er der Klügste war
Er war es nicht
Er gewann auch nicht
Weil er siegte
Denn er siegte nicht

Er

Er konnte das
Reden mit der Zigarette im Mund
Er konnte das
Und konnte fluchen dabei
So spie er mit Worten auf den
Kraftwerksschlot
Mit den Lippen
Streichelt er Zigarettenqualm

Ich geh

Ich geh den
Geh mich nicht Weg
Der ist gut
Der ist sicher
Der will nicht
Dass man ihn geht

(1985)

Es gibt tatsächlich Leute
die betten sich auf Rosen

Amen

Manches
Musste nicht
Entschieden werden
Es war entschieden

So entschieden
Dass nicht mehr gesprochen
Vom Entscheiden
Sondern vom
ES IST SO

Ohne Angst
In diesen Worten
Könnte sein
Dass Du
Dass Ihr
Brennt
Gegen
Gegen
Diese Worte
Und dem
Der sie da spricht

Wer lässt schon gern
Mit Brettern sich die Stirn vernageln
Und sagt dann auch noch
DANKE AMEN

Über das Gedankenmachen

Eine Weile kam nichts
Dann nur wenig mehr
So als hätt ich
Riesige Zahlenkolonnen
Mit Null multipliziert
Und wär beim Rechnen
Nicht dahintergekommen
Das alle Nullen nutzlos erscheinen
Hatte man vorher
Nicht wenigstens
Einen

Der Dichterschmerz

Die Worte
Fast sinnlos gequält
Angst
Das irgendwas fehlt
Ein Spiegel
Ich sehe mich gehen und steh
Weiter und weiter
Im Kreise
Die Tiefe ist einsam
Und leise
Öffne ich mich meinem Blick
Finde ich lächelnd zurück

Du

Wie eine Hand voll Schnee
Im reifen Julifeld
Alleingelassen
Angekämpft
So einsam
Dass ich gefror
Du

Wir trafen uns
Zwei Schwertern gleich
Schlagend sich treffend
Doch nicht uns…

Glaubend
Dem Stahl unserer Schwerter
Ertranken wir
In eigenen Wunden…

Wenn der Tag weint

Im Nebel
Seh ich dein Gesicht
Verschwinden
In deinen Augen
Möchte ich körperlos sein
Ertrunken in Tränen
Und berühre dich nicht

Der Himmel

Der Himmel weint
Dir Stille in die Augen
Ein Schweigen
Wie die Kerze
Die erlischt
Zu schwach
Den Lichtschein noch einmal
Zu zeugen
Erlischt dein Blick
In meinem Angesicht

Nachts

Im vergebenen Warten versinken
Tage in schwarzdunkler Nacht
Halten traumlose Träume
Umklammert die Angst in den Augen
Mit Macht
Treibt der Gedanke vom Sterben
Tränen zum flehenden Bach
Bricht Hoffnung am Morgen das Grauen
Bis neu das Warten erwacht

(1985)

Die ungleich gleiche Last

Und da war eine Nacht. Und da ging einer.
Und es fiel ihm seit einigen Kilometern immer
schwerer. Und er hatte eine ziemliche Last.
Und er trug sie auf seinem Rücken. Und mit
den Händen. Und es taten ihm die Arme weh
und es schmerzte ihm der Rücken. Und
außerdem trug er eine Last in seinem Kopf.
Und es tat ihm aber nicht der Kopf weh. Und es
war immer noch Nacht.
Und in der selben Nacht und zur selben Zeit
und es war in einem warmen Zimmer und in
diesem brannten zwei Kerzen und es war also
nicht ganz dunkel und da saß einer und der
schrieb. Und auch der hatte eine Last. Und
auch er trug sie in seinem Kopf. Und diese Last
ließ ihn schreiben. Und diese Last ließ ihn
schweigen. Und so schrieb er nicht viel. Und
lieber hätte er gesprochen. Und Kerzen aber
hören nicht zu. Und er wusste dies.
Und draußen war es kalt. Und der da ging fror
und spürte es sehr deutlich. Und er wusste
auch um die Behaglichkeit warmer Zimmer.
Und sein Rücken und seine Arme und sein
ganzer Körper waren sehr für ein warmes
Zimmer. Und nur die Last in seinem Kopf nicht.
Und er ging. Und er ging auch vorbei an
Häusern. Und es waren da auch Gasthäuser
und auch ein Hotel. Und er ging an ihnen

vorüber. Und er ging vorüber an seinen
Schmerzen. Und er tat es wohl der Last wegen,
der Last in seinem Kopf.
Und es tat ihm aber nicht der Kopf weh. Und
seine Augen suchten ein Fenster. Und in dem
Fenster sollten brennen zwei Kerzen. Und
immer wieder zwei Kerzen.
Und er wusste um die zwei Kerzen. Und Kerzen
aber hören nicht zu. Und Kerzen können mehr
als Licht und Wärme sein. Und er wusste dies.
Und er wusste auch in etwa um den Weg. Und
es waren noch einige Kilometer. Und es war
weit in der Nacht.
Und der im Zimmer saß und schrieb und
schwieg und der hätte am liebsten gesprochen
und der wäre wehenden Mantels geeilt und sie
hätten ihre Lasten geteilt und sie hätten sich
von ihrem Warten befreit.

Und langsam wird Alles wie das Wetter so kalt.
Und am Ende werden nur die Kerzen im
Fenster sehr alt. Und immer wieder zwei
Kerzen.
Und es brennen diese zwei Kerzen.

Das Lügenbild

Oh dieses Lügenbild
So leset es
Es klingt wie eine Hymne
So schön
Nach Kunst hört es sich an
Dies künstliche Gebinde

Wie es sich windet
Sich umrankt
Und nirgends scheint ein Lenker
Es schreit so laut
Nach Menschlichkeit
Und betet für den Henker

Der gibt ja schließlich
Auch das Brot
Und lässt sie kräftig hetzen
Dass sie mit ihrer Zunge auch
Das Beil ihm schärfend wetzen

Wie kann man denn
Das Gute singen
Und Gutes auch verdammen
Was bilden sich die Künstler ein
Die diesen Weg gegangen…

(1985)

Das Lügenbild II

Ich stehe hier
Mit meiner Meinung
Ich höchst selbst
Bin keine Zeitung

Verkauf mich nicht
Schrei auch nicht rum
Und mache niemand
Anders Dumm

Ich bin ganz wirklich
Nicht gefährlich
Subjektiv Allein
Und ehrlich

Ich bin ich
Und hör dir zu
Die Wiese noch grün
Und bunt ist die Kuh

(2017)

Genosse

Müde die Augen
Müde der Schritt
Müde die Worte
Und leise und rar

Doch eben noch
Hab ich ihn ganz anders erlebt

Mit strahlendem Blick
Mit kraftvoller Faust
Mit Worten für alle
Energisch und klar

Vielleicht hat er
Zu viele Gesichter gesehen
Die beifällig nicken
Und doch nicht verstehen

Pusteblume

Die Sonne
Wirft ihr Licht
In stillen Regen
Der auf der Straße liegt
Und flieht
Und beinah ängstlich
Wächst auf Asphalt Löwenzahn
Und stemmt sich trotzig
Gegen allen Wahn

Im Reigen
Wunderbarer Träume
Freut sich alles in mir
Bis auf mein Gesicht
Das sieht die Sonne
Und den stillen Regen
Und diese Welt
Die lacht
Und sich zerbricht

(1985)

Frühling

Geschmolzen zu Pfützen und Nebel
Das winterliche Kleid
Die Sonne will Atem nun geben
Dem Boden der Mütterlichkeit
Wie leise sich öffnen die Knospen
Wer hört das sanfte Erblühn
Ich geh dem Frühling entgegen
Möcht wachsen möchte gedeihn
Will mich im Schoße so fühlen
Als wär ich der Sonne ihr Schein

(1986)

Augenblicke

Augenblicke
Da du nah bei mir
Bei mir bist
Sind nahe Augenblicke

Augenblicke
Da du fern von mir bist
Sind auch nahe Augenblicke
Nur deine Wimpern berühren mich nicht…

Warten

Ich warte
Ich warte wochenlang
Auf ein paar Tage
Ich warte wochenlang auf ein paar Tage
Mit dir

Danach
Danach wasch ich deine Spuren vom
Geschirr
Bring das Bettzeug in die Wäscherei
Und warte…

Auch ein Abschied

I.

Es weint die Stille und langsam
Verlässt der Atem auch sie
Keiner den diese Ruhe betört
Und niemand der das Flüstern
Der Schönheit noch hört

Und langsam erstickt auch der Flieder
Erblüht wie das Leben
Nie wieder

Und manchmal
Waren wir ganz gern mal allein
Und haben doch das Gefühl verloren
Auf uns und andere zu hören
So hörten wir und hörten nicht
Dass eine Seele nicht nur spricht
Und sind irgendwann dann gestorben

Dabei sangen wir so schöne Lieder…

II.
Weine nicht
Im Herzen
Lass deine Tränen scheinen
Die Blätter fallen nicht
Zur Trauer
Trägt der Wind sie fort

Nicht irgendwo
Hinterm Horizont
Verblasst
Der letzte Ton der Stille
Im Aufbruch
Ohne Erblühn
Tage vorüber ziehn

(1987)

Treiben

Es fällt nicht weiter auf
Dass im Nebel ich steh
Jede Zuflucht
Verhangen
Flüchtig immer wieder
Flucht

Ein Augenpaar
Langsam aufdringlich blickend
Vielleicht dringend sogar
Rufend und bittend
Vielleicht schon zu weit
Eine Stimme
Die flüstert
Bitte fasse dich kurz
Kürzer
Sofort
Augenblicklich
Dein Leid

Und ich schrei
Nach dem Nebel
Lautlos und schweig
Zu spät
Viel zu spät
Schiebe ihn fort
Fort immer wieder

Und treib...

SinnLos

Alle Tage sind mein
Ich hab sie verlassen
Zerreiß mich
Im Nachtlicht
Atemholen

Ist kein Geschäft
Zählt nicht
Ist leer
Ständiger Unsinn
Bei diesem Dreck

Immer mehr
Kann ich mich leugnen
Lohnt nicht
Bis Wiederkehr
Kein Spiegel
Kein Blick
Nur zurück

Wohin
Ist kein Weg
In Erlösung
Erstickt
Willst du mehr
Alle Tage sind Dein
Du wirst sie verlassen

Die Sehnsucht

Schweigt
In Hast und Eile
Verblüht
Ein Augenblick
Und treibt
Den Duft
Der Rosen
Dornen
Bleibt
Am Ende
Die verlorne Zeit

(1988)

Pause

Ich stehe am Schalter. An diesem Schalter gibt
es heißen Kaffee und belegte Brötchen. Ich
stehe am Schalter. In der Hand eine Mark für
einen Kaffee und zwei belegte Brötchen. Ich
atme den heißen Kaffee und schmecke
erwartungsvoll den ersten Biss ins Brötchen.
Und warte.
Der erste und der Zweite aus der Reihe tragen
ihren Kaffee an mir vorbei. Er sieht sehr heiß
aus. Die Brötchen sind mit Salami belegt. Ich
trinke gern heißen Kaffee und esse gern mit
Salami belegte Brötchen.
Ich bin der Fünfte in der Reihe. Der
Pausenraum füllt sich. Manche haben
Beziehungen, zum Zweiten, zum Dritten. Ich
bin immer noch der Fünfte. Die Mark in meiner
Hand ist warm und feucht, die mit den
Beziehungen werden mehr. Die belegten
Brötchen nicht. Es gibt keine mit Salami
belegte Brötchen mehr. Es gibt noch heißen
Kaffee. Er wird an mir vorbeigetragen. Und er
sieht immer noch heiß aus. Ich bin der Dritte.
Jemand glaubt, Beziehungen zu mir zu haben.
Ich glaube es nicht. Ich glaube auch nicht mehr
an den heißen Kaffee. Ich stecke die Mark in
die Tasche. Meine Hände bleiben feucht.

Jemand stellt sich an das Ende der Reihe. Er stellt sich hinter mich. Ich gehe. Der hinter mir rückt an meine Stelle. Er glaubt noch. Viel Glück.

Rede nicht viel...

Rede nicht viel
Und sage Ja
Alle wollen heim
Ganz in Familie sein

Irgendwann einmal
Gibt es auch Streit
Gibt es Kritik
Doch die geht nicht weit

Weiter gehen nur Berichte
Die sind viel zu gut
Die setzen sich durch
Die brauchen keinen Mut

Und die Wut
Die wächst in dir heran
Du willst etwas sagen
Doch die scheelen Blicke dann
Lassen dich schon vorher schweigen

Du verlierst
Die Achtung vor dir selbst
Fühlst dich langsam schuldig
Und manchmal hast du Angst

Was soll einmal werden
Wenn alle so sind
Alle stumm
Alle blind

Und die Wut
Die wächst in dir heran
Du willst etwas sagen
Doch die scheelen Blicke dann
Lassen dich schon vorher schweigen

Irgendwann einmal
Wirst du älter sein
Wirst du mehr wissen
Und dann haust du rein

Wirst alles sagen
Und wirst auch verstehn
Warum so viele schweigend
Nach Hause gehn

Doch du
Du gib niemals Ruh
Denn schweigst du
Dann schweigen auch die
Die dann jung sind
Und hoffen

(1988)

Lied vom Roten Schwein

Man ruft dich Muttersöhnchen
Und manchmal Rotes Schwein
Und beides wolltest du
Doch niemals sein

Doch in der Schule
Hast du mehr Einsen als Zwein
Und auch in Stabü
Fällt dir so manches ein

Und das macht dich anders
Muttersöhnchen
Rotes Schwein
Willst wohl was Besseres sein

Und es hat dich
Auch noch nicht angemacht
Dass man über deinen Einsatz lacht
Den du zeigst
Beim Demonstrieren
Oder wenn es darum geht
Etwas zu reparieren

Und das macht dich anders
Muttersöhnchen
Rotes Schwein
Willst wohl was Besseres sein

Und dann denkst du
Laut darüber nach
Wie man manches besser macht
An der Wandzeitung
Gibst du Tipps
Wie man der Faulheit
Tritt auf den Schlips

Und das macht dich anders
Muttersöhnchen
Rotes Schwein
Willst wohl was Besseres sein

Nur manchmal denkst du
Warum bin ich so allein
Bin ich Muttersöhnchen
Rotes Schwein
Doch liest du die Zeitung
Muss es noch mehr geben
Nur das die alle scheinbar
Wo ganz anders leben

Es ist was fortgegangen...

Es ist was fortgegangen
Wie hatte ich dich lieb
Es ist etwas gegangen
Dass nur die Sehnsucht blieb

Ein Vogel in den Händen
Welch warmer weicher Ort
Ich wollte dich nicht halten
Mir flog die Wärme fort

Die Tage fliehen leise
Und reißen doch nicht ab
Sie machen dich nicht weise
Sie werden höchstens knapp

Es ist was fortgegangen
Dass nur die Sehnsucht blieb
Sie gibt dir keine Wärme
Sie hat dich auch nicht lieb

Doch Blicke wird es immer wieder geben
Die reißen so leicht nicht ab
Die wollen dich ganz nehmen
Die geben sich ganz her

Die brauchen deine Hände
Die wolln dir Wärme sein

Komm
Pflanze deine Sehnsucht
In diese Wärme ein

Lied unserer Zeit

Es ist ein Tag gekommen
Da leuchtet wieder Glut
In ach so vielen Augen
Es lodert wieder Mut

Es ist ein Tag gekommen
Der braucht nun jede Hand
Dass sie sich kann erheben
Und bauen das Land

Denn unser Haus das bebt
Doch es ist unser Heim
Lasst uns gemeinsam
Seine Erbauer sein

Es ist ein Tag gekommen
Der braucht viele Ideen
Der braucht ein starkes Rückgrat
Und den Willen zu verstehen

Denn unser Haus das bebt...
Und es ist unser Heim
Lasst uns gemeinsam
Seine Erbauer sein

Es wird der Tag dann kommen
Da wird zu fragen sein
Was habt mit eurem Leuchten
Ihr damals wohl gemeint
Ich hoff in unsern Kindern
Ist dann der Antwort Schein
Im Leuchten ihrer Augen
Soll dann kein Beben sein

Doch unser Haus das bebt
Und es ist unser Heim
Lasst uns gemeinsam
Seine Erbauer sein

          (Oktober 1989)

Гласность (Glasnost)

Was weißt du
Und ich weiß es nicht
Ist dies der Stab
Der über uns bricht

Was sehe ich nicht
Und du siehst es längst
Was denke ich
Dass du es nicht denkst

Freund oder Feind
Schwarz oder Weiß
Ist die Parole noch richtig
Und die Freiheit jetzt wichtig

Wer hebt die Hand
Was ist der Preis
Dreht sich alles um uns
Oder wir uns im Kreis

(1988/2018)

Wohin nun

Wo liegt der Stein der Weisen
Dass er zu finden ist
In schrillen Tönen und leisen
In heimtückischer List
In Eingeständnis und Hoffnung
Weil das nicht zu trennen ist
Und doch verblutend am Leben
Weil dieses so argwöhnisch misst
Mit Hass und der Blindheit des Egos
Den Sinn des Volkes vergisst
Das hatte den Kampf erst erzwungen
Der es nun fauchend zerfrisst...

Der große Wandel

Aller Zeiten
Steht Bevor
Du es siehst
Vergebens
Wirst du warten

(1990)

Zwischen den Zäunen

Zwischen den Zäunen
Blieb ich niemals stehen
Zwischen den Zäunen
Da musste ich gehen
Auf den Schildern stand laut
Schusswaffengebrauch
Ich sah es ohne zu sehen
Und dachte doch immer
Ich will jetzt hier raus

Und zwischen den Zäunen
Ging ich am Tag in der Nacht
Und zwischen den Zäunen
Hab ich niemals gelacht
Hab an die Rose und die Liebste gedacht
Zwischen den Zäunen
Mir fast in die Hose gemacht

Zwischen den Zäunen
Hatte ich immer Glück
Zwischen den Zäunen
Wurde ich älter Zurück
Blieb zwischen den Zäunen
von mir selber ein Stück
Und zwischen die Zäune
Geh ich nie wieder zurück

(2017)

Ab 1990

ABER WIRKLICH AUCH

ALLES
Treibt davon
Unbewegt
Bleiben wir stehn
Völlig Unglaublich
Zu sehn
Teilnahmslos
Nehmen wir teil
Das Größte
Einzige
Geil

DMarkzeronnen
Jubelnd verspielt
Eiskalt verführt
Deutschtuchverweht
Zerbleichende Fetzen
Doch der Fahnenmast steht
Für viele Parolen
Geht

Verschwinde

Sie sagten dir
Verschwinde
In ihren Augen Hass
Die blanke Wut
Warum solltest du auch
Bleiben
Was ist richtig
Was ist gut

Sage mir die Wahrheit
Sag mir was das ist
Die Wut in ihren Augen
Dass Dummheit kann sich trauen
Und spricht wie ein Faschist
Sage mir die Wahrheit
Und dem der sie zerriss

Die Guten waren böse
Und Mord schien ihnen Brauch
Das war nicht mehr zu dulden
Drum morden sie jetzt auch

Sage mir die Wahrheit
Sag mir was das ist
Reden oder Schweigen
Ich blick in dein Gesicht

Sie haben nun richtige Autos
Endlich
Sie haben billige Bananen
Billiger als Äpfel
Und der Kaffee ist Krönung
Der Freiheit
Und man kann jetzt so weit

Sie haben nun endlich
Alles
Bis auf Angst

Die haben sie nicht
Und auch nicht besessen
Sie machen sich keine Gedanken
Über Gott und die Welt
Was zählt ist
Geld

Sie haben nun endlich Alles
Und dafür so Vieles getan

Was tun sie nur mit ihrem Gewissen
Sie haben Grimms Märchen
Schon lange zerrissen

Betrogen Entflammt

Betrogen Entflammt
Verspottet Verbrannt
Lächerlich ahnungslos
Pornos statt Liebe im Schoß
Alles andere glaubend
Sich selbst nicht vertrauend
Total tolerant
Ohne jeden Verstand

Frei wählen gedurft
Dann abgestellt
Als Blauhelme endlich
Für das Recht in die Welt
Ausländer bei uns
Bleiben ohne Stimme
Spiele mit um den Reichtum
Verlier nicht Gewinne

Zieh Dir das Fernsehbild rein
Mörder Vergewaltiger sein
Ist hässlich
Doch einen Grund muss es ja geben
Dem anderen das Leben zu nehmen
Werbung und Hunger
Mord und Humor
Auf Knopfdruck im Wechsel
Beugt Nachdenken vor

So lernen wir
Der Mensch ist ein Tier
Bis weit über die Augen
Randvoll von Gier
Das Leben verachtet
Die Liebe verlacht
Am Schaufenster verschmachtet
Ach eisige Nacht

Alles ist egal
Alles ist normal
Die einen haben die Wahl
Die anderen die Qual
Die einen haben gelogen
Die anderen sind betrogen
Und irgendwo stehst du
Und denkst du siehst nur zu

(1990)

Wir selber

Wir haben uns selber
Alles genommen
Wir sahen nicht mehr
Was es uns eben noch war
Und zogen in langen
Verliererkolonnen
Zum Jubel geläutert
Und schluckten die Scham

Und ließen uns führen
Richten Verzichten
Selber vernichten
Gar nichts mehr trauen
Nach vorn nicht mehr schauen
Der Gier total erlegen
Erlosch der Schein das Beben
Ein Anfang ohne Chance
Hunger kennt keine Balance

Bananengelb verbogen
Wendehalserzogen
In einer einzigen Nacht
Wer hätte das ehrlich
Von sich selber gedacht

(2018)

Letzte Schritte Ost

Und nahmst das Wir
Von der Wende
Und so blieb
So oder so
Nur noch
Ende

Und nahmst ganz viel fort
Was zu tun
Und sagtest
Arbeit
Sei ohnehin nicht gewesen
Vom Verlust dieser Welt
Hatten wir nur gelesen

Und griffen zu
Egal was es war
Alt und verbogen
Bunt blank und klar
Leuchtend wohlschmeckend
Vergessend in bar
Das Wir von der Wende
Keine Chance
Niemals da

Erste Schritte West

(Eine rückblickende Vorbemerkung)

Als ich ging in den Westen
Gab ich zuletzt meinen Freunden die Hand
Viertausend Westmark
Abfindung pur
Jetzt DMark
Brachten mich in die Spur
Ich trug sie am Hals
Versteckt und tauschte sie ein
Das sicherste Auto sollte es sein
Damit fuhr ich
Im Monat
Fast zweimal nach Daheim
Und war so dort und auch dort
Immer öfter mehr Schein
Und seltener Sein
Meinen Freunden gab ich
Auch später die Hand
Obwohl ich dann keine
Freunde mehr fand

(2017)

Laterne sein

Der Tag geht
Macht die Laternen an
Die fallen auch drauf rein
So geh ich in die Nacht hinaus
Und such den Sonnenschein

Ich steh am Tresen
Hier und dort
Und atme Menschenkluft
Möchte so gern Brücke sein
Und fühle mich als Gruft

Fällt manchmal eines Blickes Schein
So duftend wie der kühle Wein
Auf meine Lider
Drückt sie nieder
Möcht nicht Laterne sein

(1991)

Weiter

I.
Ich kann es nicht
Glauben
Was schon
Soll das
Bedeuten
Wo alles weiter
Flieht
Und nichts
Wie immer
Verrückt ist
Der Sinn
Wohin
Kann ich sehen
Wo das Woher ist
Verschlossen
Ich weiß
Gibt es nicht mehr

II.
Die Nacht
Fällt
Schlägt Auf
dich Ein
sam

Musst du aushalten
Wo anhalten nicht mehr geht
Dringst ein
In dein Leben
Kannst dich nicht
Beherrschen
Wann bist du
Verweht

III.
Lachst nicht
Übers Mondgesicht
Wie Tränenlicht
Will fahler Schimmer scheinen
Zerbricht im Wein die Atemnot
Die Sucht am Sehnen geht nicht tot
Sie kann nur sehr gut weinen

Und diese Tage

Und diese Tage
Gezählt
Und diese Wege
Gewählt
Angst und Hoffnung
Gequält
Schrei ich auf
Bis man mich begräbt

Alles berechnend
Entschieden
Jedes sich Zeigen
Vermieden
Ideale und Träume
Verlacht
Mitten im Leben
Selber umgebracht

Gebogen
Geformt
Nicht zerbrochen
Die Augen noch sehend
Nicht zerstochen
Reich dir nicht im Spiegel die Hand

Als Mensch
Der sich selber nie fand
Ich habe dich doch getroffen

Kindheit und Freunde
Zerrissen
Um die erste Liebe
Beschissen
Was bleibt
Treibt
Macht den Sinn
Dass ich nicht ich selber bin

In die Stille der Nacht
Flieht ein Schrei
Wann endlich
Ist alles vorbei
Nur mein Gewissen
Bringt niemand zur Ruh
Ich weine nicht
Ich decke mich zu
Und hätte dich so gern doch getroffen

(1991)

Spiegel

Sie schauen so starr
Und ohne Gesicht
Sie sind so wie alle
Sie denken an Sich
Und trostlos ist es
Ein Spiegel zu sein
Der immer nur blickt
In sich selber hinein
Alles Fassade
Alles nur Schutz
Anpassung zwingend
Keiner weiß mehr den Kuss
Was hinter den Spiegeln
Geschehen geschah
Plötzlich nichts
Außer Spiegel
Ganz klar

(1991)

Warum I.

Und lasst fragen
Die anderen
Nach Euch
Warum
Also ist die Erde noch rund
Eine von vielen
Einmalig Bunt
Niemals gescheiter
Und doch immer weiter
Immer mehr
Immer noch
Immer schneller
Als Loch
Soll vor allem erscheinen
Und kann leider nicht weinen
Es ist leer es ist kalt
Immer früher
Schon alt
Warum
Dann noch fragen
Wo nur zählt
Zu ertragen
Und wohin gehst du
Lulu

Leiser Abschied

Es mehren sich mehr und mehr Ängste
Tag für Tag in der Nacht
Beim Lesen der Lettern der Zeitung
Man hat sie so groß gemacht

Beim Lesen zwischen den Zeilen
Siehst sterben du die Natur
Und suchst zwischen den Zeilen
Und findest das Weiße doch nur

Die Tage töten die Zeiten
Der Trauer Besinnlichkeit
Die Freude an schönen Gedanken
Wird unendlich meilenweit

Es bleiben die Nächte den Ängsten
Es bleibt Nachts die Lust am Erblühn
Und früher war da auch noch Hoffnung
Der Mensch könnte mehr für sich tun

Schweigen

Ich seh in Gesichter und schweig
Weit in der Ferne scheint Zeit
Das Leben nah zu betrachten
Für Heute sind wir schon zu weit

Ich habe mich noch nicht erfüllt
Das Schweigen ist in Sehnsucht gehüllt
Wann taue breche ich auf
Warte so sehr doch darauf

Ein Kerzenlicht findet nicht Ruh
Rastlos verbrennst dann auch du
Zerbricht der Heiligenschein
Und jeder von uns ist allein

Hoffnung

Dunkel war die Nacht
Und schwieg
Und ohne jedes Wehen
Blieben alle Blätter blind
Soviel und nicht zu sehen

Ein Stern
Unendlich
Etwas Licht
Sieht ahnend diesen Schatten

Und ängstlich
Löscht er sein Gesicht
Er weiß nicht
Dass nun alles bricht
Was sie an Hoffnung hatten...

(1991)

Warum II.

Was soll ich schreiben Gedichte
Wo ihr lieber dem Morden zuseht
Was soll das Gefasel von Liebe
Wo das Ego im Wohlstand sich lebt

Sicher habt ihr ein paar Freunde
Und niemandem wünscht ihr den Tod
Außer dem Schwein dort im Fernsehn
Ihr wisst nicht dass es selbst in euch wohnt

Das Leben ist schnell und ist eisig
Die Heizung im Auto verflucht
Lasst stehn ihr die Tramper des Lebens
Ihr habt Erste Klasse gebucht

Aber manchmal denkst du an die Freunde
Denkst an sie in einem Gedicht
Ahnst alles andre ist Schatten
Und löscht dann weiter das Licht

(1992)

Mach was

Schrei auf
Ach
Und schweig
Fällst zusammen
Nur Asche

Für wen
Eigentlich
Auch warum
So es geht
Wie es geht
Lache

Nicht
Über das Gerede
Der Leute
Mit denen du reden willst
Ohne zu schreien

Was willst Du
Allein

Allein

Ängstlich
Kalt
Ach Mondgesicht
Siehst du meine Trauer nicht

Kerzenschein
Sehnsucht im Wein
Ich möchte nicht sein
Warum So allein

Rampenlicht
Mond
Blicklos du schweigst
Schimmerst durch Bäume
Das Wunder der Träume

Im Dunkel
Das Licht
So tauche ich ein
Fahl treibt im Wein
Der Mond und der Schein

Trauer

Augenblick der Trauer
Ach hülle alle ein
Lass uns bei allen Schmerzen
Vor allem doch verzeihn

Rege dich in Andacht
Welch Licht ein Kerzenschein
Lass uns gemeinsam schweigen
Und so auch Atem sein

Augenblick der Trauer
So sei Besinnlichkeit
Warum nur sind die Sterne
Unendlich und so weit

Abschied

Du kommst
Und bist doch lange fortgegangen
Nicht einmal Spur
Dein Mantel
Geschenkt
Am Haken dort im Flur
Du bist vergessen
Und sie haben so an Dir gehangen
Gestern noch
Sie hätten dich gebraucht
Doch alles
Was gewesen
Zählt nicht mehr
Und alles was nicht zählt
Ist leer
Sie haben dich erwähnt
Und auch geraucht

Das Licht brennt
Vergessen
Noch
Und immer wieder
Zu spät

Ein Gefühl - Das sich nicht aus unseren
Augen traut

Und wir brauchen
Viel mehr Gefühl
Mitten im Gewühl
Viel mehr Gefühl
Brauchen
Dass wir uns nahe sind
Mitten im Gewühl
Dass der nicht spinnt
Der glaubt
Er sei nicht ganz allein
Mitten im Gewühl
Allein

Ich sehe deine Augen nicht
Ich seh nicht
Dass du zu mir sprichst
Und alles ist überhaupt nicht mehr wahr
Und doch ist nichts gelogen
Immer wieder
Immer wieder nur
Haben wir uns selber betrogen

Und immer wieder
Hätt ich dich auf Händen getragen
Und hab immer gedacht
Das kann ich dir nicht sagen

Das willst du nicht hören
Und hab auch gedacht
Das sagst du ihr nicht
Es ist jetzt einfach nicht wahr
Und immer wieder
Hätt ich dich auf Händen getragen
Hab mich gefragt was das soll
Und fand es so unglaublich toll
Hätt dich so gern und für immer getragen
Und jetzt
Kann ich es dir nicht einmal mehr sagen

Man kann allerhand genießen
Und es ist mehr als Blumen gießen
Doch wenn die sterben
Dann ist es still
Weil niemand mehr
Niemand mehr nirgends
Einen anderen will

Und ich wollte dir
Soviel noch sagen
Mitten im Gewühl
Dich auf Händen tragen
Einen Augenblick nur
Und dann gehen wir fort
Mitten im Gewühl
Ein kalter leerer Ort

Über uns

Rede nicht viel
Palaver
Du bist keine Zeitung
Zeit ist's
Für Gefühle
Ohne Verstecken
Im Satellitenschüsselmeer
Bewegungslos
Und doch nicht leer
Wo schaut man den Morden schon zu
Lulu
Über das Wie reden wir später
Vielleicht
Der Infarkt aber
Hat uns schon
Gepackt
Jetzt augenblicklich
Die Koffer
Zeit war's
Für Gefühle
Ohne Verstecken
Und diese Zeit ist
Verpasst
Du sie persönlich
Verpassen sie auch andere
Und die anderen
Der anderen auch

Und erst recht
Lass dich nicht ein
Auf gepackte Koffer
Gefühle einpacken? Ha!
Lo! Ist ein Anfang
Sag Es wird Zeit

Die Nacht

Fällt
Blut Orange Rot
Ins Meer
Der ahnungslose
Tropfen
Zerschellt
Kein Ton
Der die Stille
Noch stört
Alles einfach
Fast ewig
Und un-
Erhört

Frei Sein

Lass mich
Wenn ich bleiben will
In Ruh
Ich komme
Zurück
Immer wieder
Und fort
Richtig weg
War ich nie

Morgen
Halt mich fest
Und schweige
Heute
Lass mich fliehn
Bin so nah
An dieser Weite
Ist ein Augenblick
Erblühn

Immer wieder
Ist dein Ort
Meiner Sehnsucht
Stille Bleibe
Tausendfach zerfetzt
Ich komme
Anders geh ich

Fort

Spinner

Die Nacht
Ein Schatten
Im Gesicht
Matt
Nur Schimmer
Kerzenlicht
Tief in Augen
Nie allein
Nicht Schatten
Nicht Licht
Der Klügste
Auch Spinner
Zugleich
Musst du sein

Eine grüne Scherbe Glas

Es ahnt die Sehnsucht
Leise
Dass sie nun untergeht
Nach dieser langen Reise
Zu kurz
Und gleich verweht

So ist alles gewesen
Und selten war es leer
Am Ende dieses Rauschen
Ein Ufer und das Meer

Geschliffen wie ein Kiesel
Eine grüne Scherbe Glas
Dort wo die Sonne schwindet
Ein anderer auch saß

Der sah die Morgenröte
Wie sie aus sich entstand
Erhob sich zu beginnen
Den Tag der nun verschwand

(2004)

131

Wie es ist - Manchmal

Leb diese stille Liebe
Die kommt und wieder geht
Dich leise macht und benommen
Als Sehnsucht weiterweht

Ergreif nicht diese Liebe
Es wäre ein Sterben zuviel
Das Leuchten deiner Augen
Ist Erinnerung nicht nur dir

Leb diese stille Liebe
Wie einen betörenden Traum
Der zart macht dich für die eine
Der schönen und liebenden Fraun

Suicidale

Die Dunkelheit
Der Stille
Und manchmal
Scheint ein Licht
Das leuchtet
Und ist Schatten
Weißt Du
Wann es zerbricht

Du findest keine Worte
Du findest
Kein Gefühl
Ist Ahnung
An der Sehnsucht
Wer bist Du
Und willst wir

Ach könntest Du doch reden
Du könntest Dir verzeihn
Nur eines bleibt
Dein Schweigen
Kein Duft
Und auch kein Schein

Mitgerissen

Die Erde bebt
Ganz fürchterlich
In deinen Lippen
Atme mich
Die Angst
Dem Morden zu zusehen
Ich kann nicht
Kann nicht
Widerstehen

Es reißt der Himmel
Viel zu schnell
Die Sonne stumpf
Schaufenster grell
Geblendet verirrt
Wo nur bist du
Der Zug rast vorüber
Doch wem seh ich zu

Wenn ich will
Kann ich deine Stimme hören
Durchs Telefon
Brauche dich nicht zu stören
Doch nur weil ich wollte
Hab ich noch nie gelacht
Das Leben aber
Mir ganz anders gedacht

Und aus dem Nirgendwo
Schaut die Zeit Dir zu
Lacht nicht
Ohne Wort
Trägt dich
Zeitlos fort
So fern
Ein Licht
Es gibt nichts nicht mehr
Ein Licht
Allein
Und mitten im Meer...

Dichterschmerz II

Ich schreib alle meine Lieder
Ich schreib sie in mein Gesicht
Ich schreibe mich nicht zu fürchten
Im Spiegel zerbricht dieses Licht

Zu Scherben die nicht schweigen
Zu jedem Tritt der sie trifft
Blutrot alles zerschneiden
Schmerzhaft doch fühle ich nicht

Den Wahnsinn und die Methode
Den Kummer das Leid das nicht schreit
Alles längst gierig vergraben
Für mich selber alles der Zeit

Und weiß nicht was ich da tue
Und glaube ich tue es nicht
Beginne mich selber zu fürchten
Vor meinem
Meinem Gesicht

Berührt

Warum hab ich Dich berührt
Warum hast Du es gespürt
Tut weh uns das Schweigen
So ein wenig wie Wärme
So ein wenig wie Licht
So ein wenig wie Treiben
Und wir sehen uns nicht

Und doch scheint alles gar nicht wahr
Siehst Du mich nicht
Bin ich nicht da
Hast Du mich berührt
Hab ich es gespürt

Warum hab ich Dich berührt
Warum hast Du es gespürt
Hast Du mich berührt
Hab ich es gespürt
Sagst alles ist ewig
Und doch niemals ganz wahr
Siehst Du mich nicht
Bin ich nicht mehr da
Und doch
Bin ich da…

Laterne sein (Teil II)

Der Morgen
Hat den Schein genommen
Und auch was blieb vom Wein
Als wär der Tag zurückgekommen
Als fiele ihm was ein

Und sucht und irrt und flieht
Vergeht
Dann endlich dieser Schein
Doch für ein Date ist es zu spät
Und wird es immer sein

Eines Tages leuchtet die Laterne
Dem Morgen wie gewohnt
Und auch danach
Der Tag der sah sie so wie alle Sterne
Und also nicht wie sie zerbrach

Ein Auto hält ein Mann in Blau
Steigt aus und weiß Bescheid
Und nicht dem Mond und nicht dem Wein
Nur mir gehört mein Leid...

(2009)

Begegnung

Es war ein Blick
Und ein Vorübergehn
Zu lang die Sekunde
Sie blieb einfach stehn
Kein Wort
Auf Deinen Lippen ich sah
Und Deine Hand
Hat meine nicht berührt
Und alles andre war unendlich nah
So plötzlich und immer und einfach und da
Du hast es vielleicht
Im Vorbeigehn gespürt
Dann haben sich unsere Blicke
Berührt

Schluss

Wie viele Gedanken hat ein Tag
Wie viele gehören Dir
Wie sanft kann eine Berührung sein
Worte auf weißem Papier

Keine Wolke die wir gemeinsam sehn
Keine Straße führt mich bis zu Dir
Ein Augenblick an dem Du an mich denkst
Nah als wärst Du bei mir

Ein Warten kann niemals unendlich sein
Jedes Warten hat auch immer ein Ziel
Ein Hauch Deiner Lippen
Mich streift berührt
Längst verführt
Für jedes Warten zu viel

Vorbei

Wie geht das
Dass ich weine
Ich bin doch hart
Und lange schon ein Mann
Wie geht das
Dass ich leide
Was ich nicht leiden kann
Und ist so schleierhaft vertraut
Ein Augenblick wie Eis das taut
Und selten ist nicht selten genug
Dass mich erinnert was ich nie ertrug

Und könnte ich in Deinen Händen lesen
Nichts ist einfach nur gewesen
Wir haben uns berührt
Und es geglaubt

Fini

Tage werden gehen
Leise
Tage werden kommen
Niemand hält sie auf
Die Sonne wird auch öfter scheinen
Der Himmel wird auch öfter weinen
Doch eine Wolke siehst Du nicht
So berühr ich Dein Gesicht

Tage werden kommen
Und niemand hält sie auf
Tage werden gehen
Leise
Fort ohne Wort endlose Reise
Spuren kann ich vor mir sehn
Deine sind wie ein Verwehn
In Deinem Haar und leise

Da komm ich her

Wo gehst du hin
Wo kommst du her
Sehe ich dich
Und das Meer

Kein Blick ist so weit
Keine Zeit die so eilt
Keine Wahrheit so wahr
Und du bist nicht da

Der Wind dir im Haar
Und die Sonne so klar
In deinen Augen so nah
Soviel Glut
Bist du da

Ist ein Augenblick Schein
So betrunken und rein
Mag für immer es sein
Dass ich warte
Allein

Für alle Zeit
Und bis ganz weit
Da komme ich her
Sehe dich und das Meer

Immer das Meer...

Eine Welle
Ein Stück weiter
Weiter ist das Meer
Eine Welle
Trennt für immer
Und wir sehen uns nicht mehr
Niemals so gewollt entschieden
Und wer hätte schon die Wahl
Auf einander zu getrieben
Nur das eine Mal

Sag mir
Dass Du glücklich bist
Ganz egal
Wohin Du gehst
Heute Morgen
Oder später
Alles kommt
Und geht vorbei
Nur der Augenblick ist immer
Weiter als das Meer
Ohne Anfang ohne Ende
Und auch niemals leer

Alles
Was einmal gewesen
Hatte seinen Grund
Willst Du nach der Sehnsucht suchen
Wie tief ist das Meer
Grün und blau und tiefer
Dunkel
Spürst Du es ist leer
Hast doch alles längst gefunden
Doch Wellen hat das Meer...

Alles geht und bleibt...

Wenn alles andere schwer ist
Bin ich dann leicht
Wenn alles andere hart ist
Bin ich dann weich
Wenn alle jubeln
Bin ich nicht dabei
Morgen ist ein neuer Tag
Schon heute bin ich frei

Wenn alle reden
Wer hört wem dann noch zu
Wenn alle glauben
Wer glaubt dann mir
Wenn alle gefangen
Wer ist dann noch frei
Morgen ist ein neuer Tag
Morgen sind wir frei

Jedem das Seine
Wer weiß was ich meine
Jedem sein Los
Wer hat sie verteilt
Wer hat eins genommen
Wer ist zu spät gekommen

Morgen ist ein neuer Tag
Und ich bin nicht dabei

Wenn ich mir selber nicht fehle
Und mich keiner vermisst
Wenn mir egal jede Freude
Und kein Leid mir mehr Riss
Wozu dann noch ein Leben
Wozu dann noch ein Wort
Wozu dann noch ein Morgen
So wie du einer bist

Aber so ist das Leben
Lieber schwerer als leicht
Kannst du es einmal erleben
Sagst du niemals
Es reicht

(2013)

Der letzte Faschist

Er schaut ein wenig distanziert
Man kann nicht sagen dass er giert
Doch wartet er die Zeit nur ab
Und wird die Luft dem andern knapp
Dann schlägt er zu nur einer schreit
Und keiner denkt es ist so weit
Völlig eiskalt akzeptiert
Dass wer kann es tut und stiehlt
Dem andern auch die Kinder nimmt
Und lauthals tönt die Rechnung stimmt

Alles andre wär fatal
Nicht bezahlbar und banal
Nicht zu fassen alle würden sich erfreun
Wertlos könnte dann erscheinen
Was dem Einen und was Seinem

Freude würd statt Gier bestimmen
Was schön und wegzuwerfen ist
Und kannst Du Dich von Dir nicht trennen
Die Konjunktur wär aus dem Rennen

Und auch der
Der letzter ist...

Na toll

Sterne
Tausendfach gezählt
Tausendmal
Der Blick sich hebt

Die Erde längst verlassen
Ist ein Sehnen wohl leise
Und die Gräser schon taub
Mensch zählt sich in Zeiten

Das Ticken ist laut
Atombomben krachen
Ein Test Horror weht
Aus Kinos durch Straßen

Ein Stern hat unsere Blicke gezählt
Bis zum letzten Atoll
Alle Geldschränke voll
Woher kam dies Sehnen
Wohin wird es wehen

Schweigenicht

Ich geh dahin
Und denk ich schweige
Schon drei Schritt weg
Von dem Ich meine

Und glaube immer noch an mich
Und bin mit Sicherheit nicht ich
Hab mich verloren in der Norm
Und fühle mich total in Form

Könnte Hätte Wüsste Wie
Alles klar und radikal
Jenes immer und dies nie

Nur der Mund ist eine Mauer
Lässt nichts raus
Und macht mich sauer
Auf den nächsten schlag ich ein
Rate mal Wer wird es sein

Über das Leben

Das Leben
Ist einmal
Ist alles
Ist wichtig

Ein Fehler
Bleibt Fehler
Und trotzdem
Auch richtig

Den Weg den Du nicht gehst
Bist Du auch nicht gegangen
Die Zeit die Du nicht lebst
Ist trotzdem doch vergangen

Ein Traum
Niemals ewig
Und niemals ganz leer
Laut
Ist nicht leise
Und sanft
Ist nicht schwer

Erkenntnis

Da fällst du
Sanft und Sehnsucht
Fühlst du
Schon lang nicht mehr
Der Morgen drängelt
Seltsam
Nimmt dich
Und bleibt leer

Der Tag ist
Hast und Eile
Und Arbeit
Und ein Fluch
Für diesen Nieselregen
Auch der nur
Ein Versuch

Ein Regenbogen
Malt sich
Den Träumen manchen Pfad
Aus fernen Kindertagen
Und trifft dich
Viel zu hart

Da bist du
Fast geworden
So farblos
Wie dein Blick
Der sieht den Regenbogen
Und findet ihn
Auch schick

Klarer Fall

Nirgendwo
Nirgends
Ich falle
Warum
Ich nicht weiß
Wo oben
Ich nie stand
Wirklich
Wir müssen
Zu Denken
Versuchen
Beginnen

Nicht unbedingt
Immer
Vor allem gewinnen

Zusammenfassung

Ich wünschte mir die Sehnsucht
Und griff den nächsten Stern
Es war der Blick von unten
Den hatte ich so gern

Ich sammelte die Tage
Das Warten mir missfiel
Vergangen sind die Jahre
Von mir ist nun der Stiel

Ich wollte immer weiter
So oft blieb ich zurück
Nun bin ich viel gescheiter
Und find daheim mein Glück

Das Glück reicht für die Sterne
Und ist genug dem Stiel
Der hat es nun ganz gerne
Dass warten kann das Ziel

(2019)

So ist das mit den Träumen

So hatte ich einen Traum. Ich träumte, es begegneten sich drei Träume. In mir. Die hatten kein Gesicht, keine Hände, keine Sprache und sonst auch nichts, die waren einfach, also grundlos und problemlos, da. In mir. Und ich, ich beobachtete sie. Das ging. Irgendwie. Die drei Träume wollten mir Gutes tun und jeder von ihnen wollte zuerst geträumt sein. Sie verhandelten, konnten sich aber nicht einigen und gerieten darüber schließlich in Streit. „Ich!", „Ich!", „Ich!", hörte ich immer wieder, „Ich!", „Ich!", „Ich!". Als ich am Morgen erwachte, wusste ich noch, ich hatte geträumt. Doch welchen Traum?

Ein Podium. Sieben Leute drauf, die stritten. Eine achte Person versuchte zu moderieren, aber vielleicht auch nicht und stritt mit. Später machte ich den Fernseher aus. Später noch, schaute ich noch mal zum Fenster hinaus. Wurde eine Bewegung daraus? Holte mein Traum mich nun ein?

Oder hab ich beim Zusehen zu viel schon gesehen und konnte außer den „Ichs!" doch sonst gar nichts verstehen? Höre immer wieder nur „Ich!" Dreifach, sieben und achtmal und mehr. Ein ICH ist ein ICH, bleibt es allein, bleibt es Leer.

Sah eine Hummel. Die konnte fliegen. Auf
Basilikum sich wiegen. In dessen Blüten sich
verlieben. Das hatte was und war noch Mehr.
Von mir die Pflanze. Bitte sehr…

E n d e

Harald Fröhlich

Jahrgang 61,
wuchs in der DDR auf,
wurde dort
Stahlbauschlosser
und Erzieher und
studierte später in
Niedersachsen
Sozialarbeit und Sozialpädagogik.
Er war als Erzieher in Internaten und
Kinderheimen tätig, als Streetworker in
sozialen Brennpunkten unterwegs und arbeitet
seit einigen Jahren als Schulsozialpädagoge in
Schleswig-Holstein.
Die Mitgliedschaft in der SED war für
Fröhlich selbstverständlich, die dem Fall der
Mauer folgende „Wende" zunächst eher ein
Desaster.
Dass er diese zumeist im und vom „Westen"
aus erlebte, seit 1991, nicht geflüchtet oder
erwartungsvoll „rübergemacht", sondern als
notwendig empfunden, der Arbeit folgend,
machte ihn zu einem kritischen Beobachter,
mit dem Gefühl, mehr und mehr seine Heimat
zu verlieren; der mit ihr leidet und sich für sie
schämt, mitunter nicht ohne Wut, und sich oft
minderwertig und einsam empfindet und als
Verräter eigener und anerzogener Ideale.

Neben der Angst, zu scheitern und sich leugnen zu müssen, ist es die für ihn neue Welt der Möglichkeiten, Erfahrungen zu machen, sich Wissen anzueignen und Meinungen austauschen zu können, die Harald Fröhlich die Volkshochschule besuchen und studieren - und ihn auch zu sich selbst (zurück)finden lässt. In einem sich für ihn dadurch vereinenden Land. Nicht immer rund, aber wirklich.

In „Eine grüne Scherbe Glas" verzichtet Harald Fröhlich bewusst weitgehend auf Interpretationen und Erklärungen aus seiner heutigen Sicht, der zeitliche „Status" der Texte entspricht den Jahresangaben bzw. in etwa den Jahresangaben sie umgebener Texte.

Um etwas zu verstehen oder auch beurteilen zu können, ist es für ihn notwendig, dies zunächst und unvoreingenommen kennen zu lernen.

Dies zunehmend nicht zu können und vor allem, es nicht zu tun, ist für Harald Fröhlich eins der grundlegenden Probleme unserer Zeit.